.... je lis, je fourmille, je grandis

AGENCE S.O.S. PRINCESSES

Le chat du Maharadja

Pour la vraie princesse Safya

Loi 49956 du 16 juillet 1949 sur les publications destinées à la jeunesse
Dépôt légal : premier semestre 2003 – N° d'édition : 12 584 – ISBN : 2 226 12996 0
Imprimé en Italie par Officine Grafiche de Agostini

AGENCE S.O.S. PRINCESSES

Le chat du Maharadja

Christian Jolibois - Christian Heinrich

ALBIN MICHEL JEUNESSE

Par une moche matinée de printemps, Aglaé entretient sa forme en chantonnant gaiement la chanson à succès du moment :

« J'ai la rate qui s'dilate,
j'ai le foie qu'est pas droit
les boyaux bien trop gros... »

– Courrier, mademoiselle Aglaé, annonce le fidèle Napoléon.

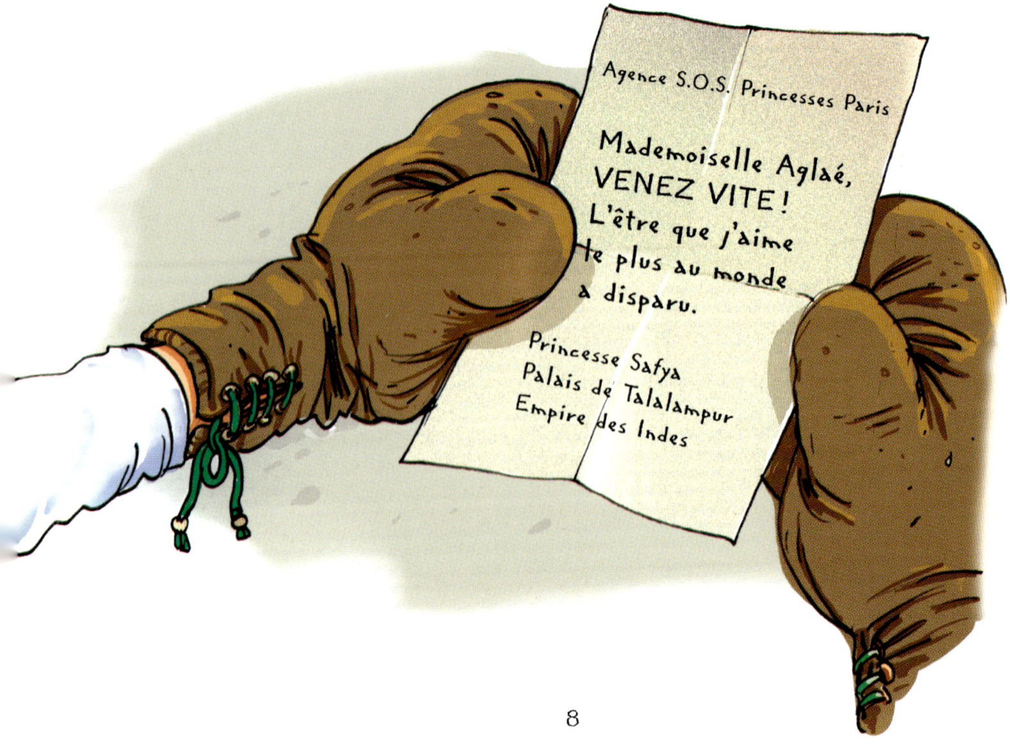

– IL N'Y A PAS UN INSTANT À PERDRE ! s'exclame Aglaé. Une princesse a besoin de mes services ! Enlèvement ? Fugue ? Accident tragique ? Trouve un atlas et suis-moi.

– EH, OH, mollo, y'a pas le feu…

Pendant qu'Aglaé se douche, Napoléon consulte les cartes :

– Le palais se trouve au nord de l'Inde. Il faut huit semaines de bateau pour s'y rendre, puis deux semaines de train, suivies d'une semaine à dos d'éléphant. Enfin, il faut…

–ÇA VA, J'AI COMPRIS ! dit Aglaé.
À la Noël, je ne serai toujours pas arrivée…
Boucle les malles ! Je fais chauffer le moteur, nous partons.

–Ah non, sans moi ! répond Napoléon.
JE DÉTESTE LES VOYAGES ! Et puis, si je vous accompagne, qui va s'occuper de votre rhododendron ?
–Tu as raison ! Emportons le rhododendron.

–Mais, mademoiselle Aglaé, je ne vous serai d'aucune utilité. Je suis le serviteur le plus paresseux de la planète.
–Cesse de te vanter... Et presse-toi !
D'un bond, Aglaé prend place dans le cockpit.

–EN ROUTE, PÉGASE ! s'écrie-t-elle gaiement. Et pas d'excentricités s'il te plaît, nous avons un vieux grincheux à bord, hi, hi, hi !

Quelques jours plus tard, le palais de la princesse Safya apparaît enfin dans toute sa magnificence.

Aglaé se pose sur le gazon irréprochable du maharadja de Talalampur.

À peine descendue de l'appareil, elle est accueillie par une étrange créature toute vêtue de fer.

– Soyez la bienvenue, Mademoiselle Aglaé ! Je suis Dipankar, chambellan au service de la princesse Safya. Ma petite maîtresse vous attend avec impatience. SUIVEZ-MOI !... Voudriez-vous enfiler ça, nous pourrions faire une mauvaise rencontre…

Aglaé est éblouie par le luxe du palais du maharadja : murs sertis d'or et de pierres précieuses, fontaines et jardins entourés de colonnes de marbre blanc et rose... Enfin, elle est introduite dans les appartements privés de la princesse :

– Mademoiselle Aglaé, de l'agence S.O.S. Princesses, Princesse !

– BOUHOUHOU... Mademoiselle Aglaé, comme je suis heureuse de vous voir ! s'écrie la princesse.
– Mais que s'est-il passé ici ? Un typhon ? La guerre ?
– Non ! C'est Darjeeling, ma chatte : elle a disparu depuis une semaine ! sanglote Safya.
– VOTRE CHATTE... Ah, je vois ! Ce sont les ravisseurs qui ont mis ce bazar !
– Non, Darjeeling n'a pas été enlevée, il n'y a pas eu de demande de rançon.
– L'animal aurait donc fait une fugue ? interroge Aglaé.
– IMPOSSIBLE ! On ne se quitte jamais. Darjeeling dort même avec moi ! Je ne comprends pas où elle peut être... Bouhouhou...

Aglaé serre la princesse dans ses bras et la console. Elles restent ainsi un long moment sans rien dire.

– Darjeeling était un peu comme une sœur pour moi, murmure Safya. Je lui confiais tous mes secrets.

– Ne parlez pas d'elle au passé, princesse. Nous allons retrouver votre matou. Enfin, votre minette. OOOOH ! Le voyage a été long et je sens le fauve, moi !

Safya conduit Aglaé dans les bains du palais.

– Regardez, Aglaé, c'est une photo de Darjeeling bébé, quand papa me l'a offerte. Aujourd'hui, elle est plus grande, bien sûr…

– Écoutez, princesse, votre chatte n'a pas été enlevée et n'a pas fait de fugue. Ce palais est un vrai labyrinthe. Darjeeling est peut-être seulement perdue dans un de ces innombrables couloirs…

À peine sortie de l'eau, Aglaé appelle :

– NA-PO-LÉ-ON !
Mes malles, s'il te plaît !
– Ouais… Cause toujours… grogne Napo.

Après le dîner, la soirée se prolonge tard dans la nuit.

– Dites-moi, princesse, où sont vos parents ?
– À une partie de chasse chez le maharadja de Jaïpur. Dipankar est chargé de veiller sur moi.

– Votre chambellan est un original. Pourquoi porte-t-il une armure ?
– Il a peur des chats… HI, HI, HI !

À quelques mètres, dissimulés dans les fourrés, deux yeux flamboyants observent avec intensité les deux amies.

Le lendemain, dans les appartements d'Aglaé, les recherches s'organisent.

– Pendant que Napoléon fouille le palais, nous allons sillonner la ville en montrant cette photo de Darjeeling. Allez, grimpez là-dessus, princesse.

– C'EST IMPOSSIBLE, AGLAÉ ! s'écrie Safya. Il est interdit aux femmes de quitter leurs appartements.
– Mais... vous êtes princesse ?
– Même pour les princesses. La règle est très stricte. Il est défendu de sortir et de se montrer.
– Safya, vos parents sont absents, PROFITONS-EN ! Et enfilez ça, vous passerez inaperçue.
– Il y a un autre problème, Aglaé...
JE NE SUIS JAMAIS MONTÉE
SUR UNE BICYCLETTE...

Pendant ce temps, Napoléon poursuit sa mission avec l'aide de Dipankar. Le palais est exploré par les deux compères dans ses moindres recoins, jusque dans les endroits les plus improbables.

– MINOU ? MINOU… OUILLE, OUILLE !

– Dipankar, votre peur des chats est ridicule ! Ôtez cette armure, mon vieux !

Pour la princesse Safya, c'est la première
sortie dans la cité populeuse et bruyante
de Talalampur. Elle est fascinée
par l'incroyable spectacle de la rue.
– Ça va, princesse ?
– Comme sur des roulettes !

L'enquête commence.
– Avez-vous vu mon chat ?

– Avez-vous vu… ?

– Avez… ?

– C'EST CURIEUX !
La simple photo du minou semble les terroriser, remarque Aglaé.
– Je ne comprends pas, Aglaé ! Un animal si gentil.

Bredouilles, Aglaé et Safya s'apprêtent à rentrer. Mais, devant le temple de Ganesh, à deux pas du palais, Safya décide de questionner une dernière personne :

– Dis-moi, saint homme, saurais-tu…
– DARJEELING !!! s'écrie le vieux sage. Je-vois-elle-dans-palais-maharadja ! Je-vois-elle-allongée-dans-noir avec-trois-monstres-affamés !!!

– Si Darjeeling se cache dans le palais, Safya, nous ne tarderons pas à revoir ses moustaches.
– Que le gentil dieu Ganesh t'entende, répond Safya.

Juste à ce moment-là, un cri retentit.

AAAAAARRRHHH !

– C'EST NAPOLÉON ! Il lui est arrivé quelque chose. Appuie sur les pédales, Safya ! On retourne au palais, VITE !

– Que se passe-t-il, Napoléon ?
– C'est terrible, mademoiselle Aglaé ! Venez voir !

– PAR LA MOUSTACHE DE TANTE BARBE ! hurle Aglaé.

– Je me suis légèrement assoupi dans l'avion quand tout s'est mis à trembler. J'ai vu un monstre, il avait sept pattes… non, douze… le corps recouvert d'écailles et une énorme gueule terrifiante. Il a croqué les pneus.
Safya soupire :
– Calme-toi, monsieur Napoléon, on ne résoudra pas ce mystère ce soir… Et moi, je suis épuisée. Si on allait se coucher ?

Un peu plus tard, une silhouette se glisse dans les couloirs du palais. C'est Napoléon qui, réveillé par une petite fringale, se dirige vers les cuisines.

– MIAAAM ! Une cuisine rien que pour moi !

... Tiens, qu'est-ce que c'est que ça ?...

... NON MAIS, JE RÊVE ! Une crotte au beau milieu de la cuisine !

GROOOAAAAAARR !

Un sinistre grognement retentit dans le palais, alertant Aglaé, Safya et Dipankar. À peine le temps de sauter dans un vêtement, ils accourent !

– VITE ! Ça vient de la cuisine !

–Làààà ! s'étrangle Dipankar, des traces sur le marbre.

–Je les reconnais, Dipankar ! Ce sont les grosses patounes de Darjeeling.
–Mais ce ne sont pas des empreintes de chat !!
Ce sont des empreintes de... de...
–DE TIGRE ! Oui, bien sûr, Aglaé !
Ma fifille est une tigresse !

–Une tigresse ! Mais alors ?
MON PAUVRE NAPOLÉON !!!

... OH, MON DIEU ! crie Aglaé.

Aglaé est effondrée.

– Là ! Le bonnet de Napoléon ! Il a été dévoré…
– Ce n'est pas possible, Aglaé ! Darjeeling ne ferait pas de mal à une mouche.
– PRINCESSE ! IL Y A UN ESPRIT FRAPPEUR DANS LA GLACIÈRE !

Aglaé ouvre la porte.
– Oh, regardez ! Napoléon pendant la retraite de Russie. HA, HA, HA !
– Tu peux sortir, monsieur Napo, le tranquillise Safya. Mon petit chat n'est plus là.

La princesse Safya a retrouvé la joie de vivre. Son chat est dans le palais, et bien vivant ! Encouragée par Aglaé, la princesse goûte de plus en plus à la liberté et apprend à jouer au tennis.

– Moi, je dis que votre bestiau est retourné à l'état sauvage ! ATCHOUM ! Et avec tout ça, j'ai attrapé un rhume ! grommelle Napoléon.

– Mais non, monsieur Napo ! Redevenue sauvage, ma Darjeeling n'aurait fait de vous qu'une bouchée !

– Mais pourquoi reste-t-elle cachée ? MYSTÈRE... renchérit Aglaé.

Soudain, en voulant faire une volée, la princesse Safya envoie la balle hors du court.

– La balle doit être coincée entre les branches de cet arbre, dit Aglaé en l'escaladant.

– DESCENDS, AGLAÉ ! Si on te voyait ! hurle Safya. Cet arbre est sacré ! Il est interdit de le toucher et encore plus d'y grimper.

– Oh, comme ils sont mignons ! Trois petits affamés, qui, eux non plus, n'ont pas respecté l'interdit, hi, hi, hi !

– Huile de coude et graisse à genoux, J'AI TROUVÉ ! hurle Aglaé.
– La balle ? demande Safya.
– Pas seulement. « Trois affamés », ça ne te rappelle rien, princesse ?
– MAIS SI ! Les paroles du vieux sage : « Je vois elle allongée dans le noir avec trois monstres affamés... »

– GAGNÉ ! Darjeeling et trois monstres affamés sont dissimulés dans le palais. Existe-t-il une pièce, une pièce interdite où nous n'avons pas pu chercher ? demande Aglaé.

– Oui. Les appartements privés du maharadja. Il est absolument défendu d'y entrer !

– VIENS ! CONDUIS-MOI ! ordonne Aglaé.

– Je ne peux pas te laisser faire ça ! Ici, les lois sont terribles. Si on te surprend, tu auras la tête tranchée !
Arrivée devant les appartements du maharadja, Aglaé constate que les portes sont fermées.
Mais, côté jardin…
– Par ici. Le volet est entrouvert.

– ÇA ALORS ! DARJEELING !
Mon bébé est devenu maman !

– Hé, hé… murmure Aglaé. Mon intuition était la bonne. Tous les chats se cachent pour donner naissance à leurs petits.

– MON CHATON, comme je suis heureuse de t'avoir retrouvé !

– N'ayez pas peur, Aglaé, monsieur Napo. Venez les caresser.
– DÉSOLÉE ! Moi, j'ai un rhododendron à arroser d'urgence ! s'excuse Aglaé.
– Et moi, je suis allergique aux poils de chat ! bredouille Napo.

Quelques jours plus tard, de retour de la chasse, le maharadja et sa cour font leur entrée au palais de Talalampur.

– Safya, ma fille, mon gâteau au miel, mon diamant unique, viens embrasser ton père.

– La chasse a-t-elle été bonne ?
– EXCEPTIONNELLE ! Regarde ! J'ai capturé dans la jungle un magnifique et rarissime ornithoptère.

– Mais qui est donc cette charmante personne ? demande le maharadja.
– Aglaé, de l'agence S.O.S. Princesses. Elle est venue de Paris pour m'aider à retrouver Darjeeling, qui avait disparu pour faire ses chatons.
– Très honorée, Altesse, dit Aglaé.

– Que puis-je vous offrir pour vous remercier, mademoiselle Aglaé ? Palais ? Diamants ? Éléphant ?... UN PETIT CHAT ?
– Une nouvelle paire de roues pour mon avion suffira.
– En attendant que l'on répare votre appareil, vous êtes mon invitée.

Fêtes et bals se succèdent alors dans un faste oriental à donner le tournis. Grâce à l'influence d'Aglaé, la princesse Safya peut désormais aller et venir dans le palais comme il lui plaît.

Puis arrive le jour du départ. Adieux, embrassades, petites larmes, dernier cadeau du maharadja… Aglaé, aux commandes de son avion chaussé de neuf, quitte à regret Talalampur pour toujours.

Et un mois plus tard…
– Courrier, mademoiselle Aglaé ! dit Napoléon.

– SAGE, GANDHI ! SAGE !

Dès 7/8 ans je lis tout seul

ARCHIBALD LE KOALA d'après Paul Cox

La maison hantée

L'imprimeur surmené

Du cinéma à Rastepappe

Un somnambule drôlement gourmand

Le porte-bonheur

Gare au train !

AGENCE S.O.S. PRINCESSES de Christian Jolibois et Christian Heinrich

Le chat du Maharadja

Le jour des loups

je lis, je fourmille, je grandis.......................